NÉ...

L'ABBÉ XAVIER CORNU

PAR

L'ABBÉ C. NOUVEAU

PROFESSEUR AU PETIT SÉMINAIRE D'AUTUN

AUTUN

IMPRIMERIE DEJUSSIEU PÈRE ET FILS

1887

NÉCROLOGIE

L'ABBÉ XAVIER CORNU

PAR

L'ABBÉ C. NOUVEAU

PROFESSEUR AU PETIT SÉMINAIRE D'AUTUN

AUTUN

IMPRIMERIE DEJUSSIEU PÈRE ET FILS

1887

NÉCROLOGIE

L'ABBÉ XAVIER CORNU

PROFESSEUR

AU PETIT SÉMINAIRE D'AUTUN

Le petit Séminaire d'Autun vient de subir une bien douloureuse épreuve ; la mort a passé parmi nous et elle a tranché, dans sa fleur, une vie déjà féconde, et pleine de promesses pour l'avenir.

Sous des dehors modestes, M. l'abbé Xavier CORNU était une nature d'élite, un homme vraiment *complet*, en qui s'unissaient dans un harmonieux mélange les dons les plus variés de l'intelligence, la droiture et la fermeté du caractère, la générosité et la tendresse du cœur, la piété et la vertu.

De tels hommes sont rares ; et quand ils nous sont prématurément ravis, quand surtout pendant leur vie ils ont constamment cherché à être ignorés et comptés pour rien, il est bon qu'on les fasse connaître et qu'on garde pieusement leur souvenir.

I

L'ÉDUCATION

Lazare-Marie-Xavier Cornu naquit le 15 novembre 1850, à Saint-Pierre-de-Varennes, d'une honorable et chrétienne famille. Il était l'aîné de trois frères, qui tous devaient se consacrer au service de Dieu et être appelés à l'honneur du sacerdoce.

Dès ses premières années, par sa docilité, par sa piété, par sa tendresse affectueuse, il faisait la joie de ses parents et l'édification des enfants de son âge.

« Cet enfant, nous écrit M. l'abbé Lacreuze, qui était alors curé de la paroisse de Saint-Pierre, était véritablement privilégié. Il fréquenta les catéchismes pendant quatre ans, non pas qu'il manquât d'intelligence puisqu'il occupait la première place, mais uniquement par piété et par goût pour les choses de Dieu..... Je ne crains pas d'affirmer que, pendant mes quarante ans de ministère, je n'ai jamais trouvé d'enfant qui m'ait donné tant de satisfaction..... Quand il fut admis à la première communion, il avait conservé son innocence baptismale. »

Entré au petit séminaire en 1864, il s'y montra dès les premiers jours ce qu'il devait rester jusqu'à la fin : un excellent élève. Tandis que son intelligence et son application lui obtenaient d'emblée le premier rang qu'il conserva constamment pendant tout le cours de ses études, sa fidélité à accomplir tous ses devoirs, sa piété, sa douceur, sa modestie, lui gagnaient l'estime et l'affection de ses maîtres et de ses condisciples. [1]

Après de fortes études classiques, couronnées par de brillants examens de baccalauréat, Xavier Cornu entra au grand sémi-

---

[1] « S'il me fallait exprimer ce que je ressentais pour lui, je dirais que c'était un *respect profond*. » (Lettre d'un père dominicain, son condisciple.)

naire en 1872. Depuis longtemps déjà son âme généreuse aspirait au sacerdoce ; il en avait fait le but de sa vie, il y tendait comme au meilleur moyen de glorifier Dieu et de faire du bien aux hommes, et il voulait ne rien négliger pour se rendre digne d'une si haute mission. « J'ai admiré bien souvent, écrit celui qui était alors son directeur et son confident le plus intime, l'élévation de ses idées sur la vocation ecclésiastique et les vertus qu'elle exige, les saintes ardeurs de son âme pour être un digne ministre de Notre-Seigneur [1]. » Aussi les années de son noviciat sacerdotal furent pour lui des années heureuses et fécondes : ses condisciples pourraient dire avec quelle ardeur et quel succès il travailla alors à acquérir de solides connaissances dans les sciences sacrées, et à faire croître en lui les dons de la grâce et les vertus surnaturelles. — Enfin, le 26 mai 1877, il recevait l'onction sainte des mains de Mgr Perraud et, le lendemain, il montait pour la première fois au saint autel.

Peu de temps après il vint prendre place parmi nous, dans notre petit séminaire d'Autun, pour consacrer les prémices de son sacerdoce à l'éducation de la jeunesse. Il accepta avec joie cette mission de dévouement obscur, et il y dépensa, sans compter, les forces de sa vie et les énergies de son âme. — D'abord simple surveillant d'étude, puis professeur d'une classe élémentaire, il obtint en 1879 la chaire de troisième, et il l'occupait encore quand la mort est venue le frapper, dans la dixième année de son sacerdoce.

Dix années seulement de vie active ! dix années passées dans un labeur bien humble et souvent bien ingrat ! cela semble être bien peu de chose. Et pourtant, si on compte non pas la durée des jours, mais les œuvres qui les ont remplis, notre ami a vécu plus que bien des vieillards. « Consummatus in brevi, explevit tempora multa. » (Sap.)

1. Lettre de M. Montaguy, supérieur du séminaire d'Issy.

II

LA SCIENCE

L'abbé Cornu a été un homme de science, un homme de travail intellectuel, et il a su acquérir en peu de temps des connaissances à la fois très solides et très étendues.

Le caractère distinctif de son intelligence était l'esprit scientifique, cet esprit investigateur, patient dans la recherche, sagace dans l'observation, ingénieux pour découvrir le pourquoi et le comment des choses. Cette qualité maitresse était doublée chez lui de l'esprit de méthode et d'une excellente mémoire.

Je voudrais dire maintenant, avec quelques détails, l'usage qu'il a su faire de ces riches facultés.

Il s'appliqua tout d'abord à l'objet propre de son enseignement : l'étude des langues classiques. Rien n'échappait à son esprit observateur ; les moindres particularités grammaticales étaient notées par lui et provoquaient ses recherches jusqu'à ce qu'il en eût trouvé une satisfaisante explication. Ce n'est pas lui non plus qui se fût contenté de l'interprétation vague et superficielle d'un texte; il voulait se rendre compte de tout, et, pour arriver à une explication claire et exacte, aucune recherche, aucun travail ne lui coûtait.

Je me souviens que, l'an passé, faisant traduire une lettre de Pline [1], dans laquelle l'auteur s'est complu à décrire, avec un grand luxe de détails, sa maison de campagne du Laurentin, il s'aperçut qu'on ne pouvait obtenir une parfaite intelligence du texte sans avoir sous les yeux un plan de la villa. Après avoir cherché, mais en vain, quelques éclaircissements dans les traductions et les commentaires, il se mit lui-même à

1. Pline. Epist. II, 17.

l'œuvre et, s'aidant des données de l'archéologie, il réussit à rétablir, avec une exactitude parfaite, l'orientation et la disposition de toutes les parties de l'édifice et de ses nombreuses dépendances. Je viens de revoir ce plan dressé et autographié par lui pour ses élèves : c'est un vrai chef-d'œuvre de recherche patiente et de consciencieux travail.

C'est ainsi qu'il procédait en toute chose, avec un amour scrupuleux de l'exactitude. Pour porter la lumière dans les textes anciens, il consultait l'histoire, interrogeait les documents de l'archéologie, et, quand paraissaient des ouvrages comme *la Cité antique* de M. Fustel de Coulanges ou *les Promenades archéologiques* de M. Gaston Boissier, il savait en tirer pour sa classe un merveilleux profit.

Depuis quelques années les nouveaux programmes de troisième comprennent, pour l'enseignement du français, des notions *d'étymologie* et de *grammaire historique*. Retrouver dans le latin populaire des Gaules les types originels des mots de notre langue, suivre leurs transformations progressives dans le travail obscur et inconscient des siècles, et noter au passage les lois de leur évolution : c'était là un genre d'étude qui allait à son esprit toujours curieux des origines, toujours avide de découvrir les dernières explications des choses. Il s'y appliqua avec la méthode consciencieuse, avec la patience d'observation qu'il apportait à toutes ses études. Non content d'utiliser les travaux des Littré, des Chassang, des Brachet, il voulut se reporter aux textes eux-mêmes, étudia avec soin la *Chanson de Roland* et les fragments des autres *chansons de geste* qu'il put se procurer, recueillit une riche moisson d'observations personnelles, et enfin rédigea à l'usage de ses élèves un résumé substantiel où se trouvent condensées les données les plus intéressantes et les plus positives de la grammaire historique.

Mieux qu'aucun autre il pouvait appliquer la méthode comparée à l'étude des langues. Outre le grec et le latin, il connaissait l'hébreu ; parmi les langues vivantes, plusieurs lui étaient familières et il possédait le mécanisme grammatical de beaucoup d'autres. Il avait pour ce dernier genre d'étude une aptitude extraordinaire. Un jour la grammaire de Le Gonidec lui tombe entre les mains ; peu de temps après il pouvait me traduire sans difficulté le *Furnez Breiz* de Brizeux en m'expliquant minutieusement toutes les particularités de la langue *Celto-Bretonne*.

Il était donc par excellence le parfait professeur de grammaire ; mais l'attention qu'il portait à l'explication grammaticale et littérale des textes ne l'empêchait point d'en goûter et d'en apprécier fort bien les beautés littéraires. C'était un véritable régal que de savourer avec lui les plus belles pages de Virgile et d'Homère, de Gœthe et de Shakespeare. Chose singulière ! cet esprit positif, ami de l'exactitude et des observations précises, trouvait, dans ses heures de loisir, un charme extrême aux créations fantastiques de l'imagination allemande.

Il se plaignait souvent de n'avoir pas étudié les arts. Il est vrai qu'il les cultivait peu par lui-même ; mais il en jugeait très sainement et ses jugements étaient toujours fortement motivés. C'est qu'il en connaissait les principes et les règles mieux que bien des gens qui se piquent d'être peintres ou musiciens. Les ouvrages de Ch. Blanc sur les *Arts du dessin* et les *Arts d'ornement* lui étaient familiers, et je viens de trouver dans ses papiers tout un traité d'*Harmonie* écrit de sa main. [1]

Une telle étendue, une telle variété de connaissances nous étonne ; cependant je n'ai rien dit encore des sciences qui répondaient le mieux aux qualités propres de son esprit : les sciences physiques et naturelles.

---

1. Je devrais ajouter qu'il était très adroit dans les arts mécaniques. Son habileté de main, mise au service d'un esprit inventif, lui permettait d'exécuter lui-même, souvent d'une façon neuve et originale, une foule de travaux ingénieux et utiles.

L'abbé Cornu avait étudié les *mathématiques* plus qu'on ne le fait d'ordinaire[1]. Il appréciait comme elles le méritent « la certitude et l'évidence de leurs raisons[2] »; mais il préférait cependant à la froide lumière de leurs constructions abstraites la réelle et vivante beauté de la nature. Ses aptitudes et ses goûts le portaient à étudier l'œuvre de Dieu dans l'infinie variété des êtres de la création.

Il possédait à un haut degré ce *flair*[3], dont parle Bacon, qui fait découvrir dans un être les caractères distinctifs de son espèce, dans un phénomène les circonstances qui permettent de l'expliquer. Là où les regards inattentifs ne voient que choses communes et insignifiantes, son œil observateur discernait des traits inattendus, des indices révélateurs. Aussi, dans ses promenades aux environs d'Autun, trouvait-il à chaque pas de nouveaux sujets d'étude : ici, un insecte dont il cherchait à découvrir les instincts et les mœurs ; là, une *larve*, qu'il conservait précieusement pour en observer les métamorphoses; plus loin, une plante dont il aurait à déterminer l'espèce; ou bien quelque roche d'une structure singulière, quelque débris intéressant de végétaux ou d'animaux fossiles.

Il y a quelques années, je visitai avec lui l'Auvergne, le Velay et la Provence. Comme il sut rendre ce voyage intéressant et instructif ! non seulement le *prêtre* y nourrissait sa piété en visitant d'illustres et vénérés sanctuaires; non seulement le *professeur* y complétait ses connaissances archéologiques en étudiant sur place les *arènes* d'Arles ou le *théâtre* d'Orange ; mais, dans toutes nos excursions, sur les flancs du Puy-de-Dôme comme aux roches basaltiques d'Espally, à la Fontaine de Vaucluse comme dans les solitudes de la Sainte-

---

1. Sur un désir de notre supérieur, il avait pris le grade de bachelier ès sciences.

2. Descartes, *Discours de la méthode*.

3. « Venatica subodoratio », *Novum Organum*.

Baume, le *botaniste*, le *géologue*, l'*entomologiste* enrichissait ses connaissances d'une multitude d'observations nouvelles, et ses collections d'un grand nombre d'espèces inconnues dans nos régions.

En même temps qu'il observait par lui-même la nature, il étudiait, sur chacune des *sciences naturelles*, les ouvrages les plus autorisés et les plus complets. Sans se hâter, avec une sage lenteur qui lui permettait de s'arrêter à chaque détail et de tout graver dans son excellente mémoire, il lisait, digérait, s'assimilait de gros et lourds volumes, comme la *Zoologie* de Claus, la *Botanique* de Van Tieghem, la *Géologie* et la *Minéralogie* de Lapparent.

Notre supérieur, voulant utiliser ces connaissances spéciales, pria l'abbé Cornu de vouloir bien s'occuper de nos *collections scientifiques*. — Il s'empressa de répondre à ce désir; et, sans négliger en rien ses autres devoirs, il entreprit et mena à bonne fin des travaux auxquels d'autres que lui eussent en vain consacré de longues années. Tour à tour, nos collections de *Conchyliologie*, d'*Entomologie*, de *Géologie*, furent renouvelées, enrichies, classées, étiquetées avec une patience et un art incroyables. Pourquoi faut-il qu'en nous expulsant violemment de notre séminaire, des *barbares* nous aient fait perdre, en partie, les fruits de ce précieux travail?

Si je voulais donner une idée complète des connaissances de l'abbé Cornu, je devrais parler encore de ses fréquentes excursions dans le domaine de la *philosophie* et de l'*histoire*, sans compter les *sciences sacrées*, dont il n'avait jamais négligé l'étude. Mais j'en ai dit assez, pour faire connaître l'universalité et la fécondité de cette riche et belle intelligence.

Je me suis demandé souvent comment, en si peu d'années, il avait pu acquérir une science aussi complète. Si je ne me trompe, voici quel était son secret : toujours *occupé*, il n'était jamais *affairé*; il ne perdait point de temps, mais il prenait tout le temps nécessaire pour faire très bien tout ce qu'il faisait.

Grande leçon, pour tous ceux qui sont voués, par mission, au travail de l'intelligence, et doivent faire rayonner parmi les hommes un peu plus de lumière et de vérité. Nous nous plaignons souvent que le temps nous manque; nos heures seraient assez longues, si nous savions en utiliser tous les instants. « Satis longa vita, et in maximarum rerum consummationem large data est, si tota bene collocaretur [1]. » — Et puis, à notre époque surtout, ce qui rend stériles bien des vies, auxquelles cependant n'ont pas manqué les dons de l'intelligence, c'est le travail hâtif et superficiel, c'est l'activité fébrile, impatiente, désordonnée. L'*agitation* est le contraire de la véritable *activité*. Ayons donc dans nos études cette persévérance d'attention, cette *longue patience*, qui, si elle n'est pas le génie, comme on a pu le dire, est au moins la condition essentielle de sa fécondité.

Le meilleur moyen de faire beaucoup de choses, c'est de faire très bien tout ce que l'on fait.

III

LE DEVOIR

Faire très bien ce que l'on fait : telle fut la devise de l'abbé Cornu, non seulement dans ses études, mais dans tous les détails de sa vie; car, s'il était un homme de *science*, il était, à un degré plus éminent encore, un homme de *devoir*.

On peut interroger ceux qui l'ont vu de plus près, depuis son enfance jusqu'à sa mort : ses parents, son ancien curé, ses professeurs et ses condisciples au petit et au grand séminaire, son supérieur et ses confrères pendant ses années de professorat; tous sont unanimes à lui rendre ce témoignage, qu'il a toujours suivi la *ligne droite*, qu'il n'a jamais dévié du sentier du *devoir*.

1. Sénèque. *De brevitate vitæ.*

Quels sont ceux, même parmi les meilleurs, dont on pourrait faire un tel éloge ?

Je dirai seulement de quelle manière il entendait et il pratiquait ses devoirs de *professeur*.

Non content d'acquérir les connaissances générales nécessaires à son enseignement, il préparait soigneusement les *classes* de chaque jour. Il apportait une attention spéciale à ne rien imposer à ses élèves qui ne fût proportionné à leur intelligence ; mais, en même temps, il montrait une grande fermeté pour exiger d'eux l'application et le travail. Cette fermeté était tempérée chez lui par une inaltérable patience et une indulgente charité. Toujours désireux de faciliter les progrès de ses élèves, il étudiait, sans parti pris, les nouvelles méthodes et n'hésitait point à leur emprunter ce qu'elles ont de meilleur ; il cherchait surtout les moyens de stimuler l'émulation et d'encourager la bonne volonté ; mais, à son avis, le moyen le meilleur et le plus efficace était encore la correction exacte des *devoirs écrits* de chaque jour : tâche bien dure, bien ingrate pour le professeur, mais dont il comprenait la nécessité et à laquelle il n'a jamais failli.

Voici du reste quelques-unes des règles de conduite qu'il s'était imposées, et auxquelles il était invariablement fidèle :

« Ne faire paraître aux élèves ni préférences, ni antipathie : les plus mauvais se croient encore bons ; les plus insupportables veulent n'être pas plus mal traités que les autres.

» M'interdire à leur égard tout reproche injurieux… avoir pour eux de l'estime, de la bienveillance ; ne jamais leur laisser penser qu'on les méprise.

» Jamais de moquerie : elle ne se pardonne pas.

» Visiter avec soin toutes les copies, afin de louer tout devoir soigné, de blâmer tout devoir négligé : la persuasion que le professeur ne laisse point passer le travail inaperçu encourage à travailler.

» Montrer les fautes sans amertume ; à côté de la faute

indiquer quelque bon passage, afin d'avoir toujours quelque chose à louer. »

L'abbé Cornu ne cherchait pas seulement à développer l'intelligence de ses élèves ; en dehors des classes il continuait à veiller sur eux avec une paternelle sollicitude, et, par ses conseils, par ses exhortations, au besoin par ses réprimandes, il savait assouplir les caractères indociles, ranimer les négligents et les tièdes, encourager les bons à la pratique de la vertu.

Comprenant combien le respect de la discipline est nécessaire dans une communauté, il s'acquittait avec une exactitude scrupuleuse de toutes les surveillances générales dont il était chargé. Il prévenait par là bien des fautes et ne se voyait que très rarement dans la nécessité de punir. Aussi, sans jamais montrer de faiblesse, sans rechercher la popularité, il avait su gagner l'estime et l'affectueux respect de tous.

Nul plus que lui ne respectait ses supérieurs : leurs moindres désirs étaient pour lui des ordres. Ils n'avaient qu'à lui dire, comme le centurion à son serviteur : « Faites ceci », et il le faisait. Ses fonctions étaient bien modestes ; qu'importe ? il en eût accepté avec joie de plus modestes encore et il les eût remplies avec la même fidélité. C'est que dans toutes les fonctions, même les plus humbles, il ne voyait que cette grande chose qui s'appelle *le devoir*.

Aussi, pendant sa maladie, « dans ces derniers moments où l'âme, déjà saisie par les premières étreintes de la mort, n'est plus maîtresse d'elle-même et laisse parfois échapper les pensées qui ont été la préoccupation la plus constante de sa vie [1] », l'abbé Cornu put s'écrier avec une entière vérité : « *Oui, j'ai toujours été un homme de devoir.* »

Mais s'il a toujours été fidèle à son devoir, c'est qu'il le considérait non comme une règle abstraite, mais comme l'expression de la volonté de Dieu. L'obéissance, le dévoue-

---

1. Allocution de Monseigneur dans la chapelle du petit Séminaire.

ment, l'abnégation, avaient en lui leur racine dans un grand *esprit de foi* et une *solide piété*.

IV

LA VIE CHRÉTIENNE ET SACERDOTALE

C'est la foi seule qui nous sauve : telles furent les dernières paroles de notre ami. Elles expriment une vérité qui était entrée bien profondément dans son âme.

Sans doute la *science* est une belle chose : nous avons vu comme il l'a cultivée avec amour ; le *devoir* généreusement accompli est plus excellent encore : nous avons dit comment il y était fidèle ; mais sans la *foi* la science ne serait que vanité, la pratique même du devoir ne nous donnerait aucun mérite pour le ciel.

L'homme de foi dans l'abbé Cornu réalisait la parole de nos saints livres : « Justus ex fide vivit[1]. » La foi n'était pas seulement une conviction de son intelligence ; elle était l'âme de sa vie. Il n'étudiait, il ne parlait, il n'agissait que pour Dieu, que par des motifs surnaturels.

C'est qu'il était avant tout un prêtre vraiment digne de ce nom.

Je viens de lire avec un religieux respect le volume manuscrit où, depuis ses années de grand séminaire, il consignait avec amour ses idées sur la sainteté sacerdotale. C'est un vrai *livre d'or*, qui mériterait de devenir le manuel des jeunes prêtres. — Mais l'abbé Cornu a mieux fait que d'écrire ces choses : il les a pratiquées. Séminariste fervent, il est devenu un saint prêtre ; il n'a cessé de se rapprocher de l'idéal de perfection qu'il s'était proposé.

Sa piété, puisée aux sources vives de l'Evangile, nourrie

---

1. Epître aux Romains, I. 17.

par la méditation constante de la vie de Notre-Seigneur Jésus-Christ, avait imprimé à son caractère, comme marque distinctive, le double sceau du *Maître* : l'*humilité* et la *charité*, « mitis et humilis corde. » [1]

L'humilité d'abord... c'est le fondement de la vie chrétienne ; c'est aussi la vertu qu'il a le plus passionnément aimée. Ingénieux à se rabaisser lui-même à ses propres yeux, il fuyait les éloges, comme d'autres les recherchent ; il se regardait comme le dernier de tous ; il était étranger à toute pensée d'ambition ; loin de tirer vanité de sa science, quand son devoir ne l'obligeait point de s'en servir, il la cachait précieusement, comme un avare son trésor. « Ama nesciri et pro nihilo reputari » : c'était la règle constante de sa vie.

Aussi cet homme éminent en doctrine et en vertu pouvait passer aux yeux de beaucoup pour un homme ordinaire. Il fallait se mêler à ses études, vivre avec lui dans un commerce de chaque jour, pour entrevoir les richesses que recélait son âme. Si même on pouvait lui faire un reproche, ce serait d'avoir été trop modeste, et, par une crainte excessive de briller, d'avoir trop concentré le foyer de chaleur et de lumière qu'il portait en lui. Mais ce que pourrait blâmer la sagesse humaine a été la meilleure garantie de ses mérites devant Dieu. Et puis, même aux yeux des hommes, la science et la vertu n'acquièrent-elles pas une beauté incomparable, quand on les découvre à travers le voile de la modestie [2].

S'estimer peu soi-même et estimer beaucoup les autres : c'est une grande sagesse et une haute perfection, nous dit l'auteur de l'*Imitation* [3]. Ce fut la sagesse et la perfection de l'abbé Cornu.

---

1. Saint Mathieu, XI, 29.

2. « Hommes modestes, venez, que je vous embrasse ! vous faites la douceur et le charme de la vie. Vous croyez que vous n'avez rien, et moi je vous dis que vous avez tout... et quand je vous compare dans mon idée avec ces hommes absolus que je vois partout, je les précipite de leur tribunal, et je les jette à vos pieds. » Montesquieu.

3. *Imitation*, livre I, chapitre II.

Son humilité n'avait d'égale que sa charité. Oublieux de son propre mérite, il aimait à faire ressortir celui des autres ; il les consultait souvent, même sur les questions qu'il avait étudiées mieux que personne, et il déférait volontiers à leur avis, ou du moins il n'imposait jamais le sien avec ce ton tranchant qui offense et qui blesse. Aussi ingénieux à couvrir les défauts d'autrui qu'à se reprocher les siens, il évitait avec soin ces paroles de critique que l'on se permet si facilement. Il était toujours bon, affable, prêt à rendre service à tous.

Il savait cependant s'irriter contre le mal ; il s'indignait surtout de ces tentatives si habilement concertées de nos jours pour ébranler dans l'enfant et le jeune homme la foi de leur baptême. Mais quelle compassion il éprouvait pour ces pauvres âmes qui, faute d'une éducation vraiment chrétienne, sont vouées presque fatalement à l'incrédulité ! « Que serions-nous devenus, me disait-il souvent, si nous n'avions pas reçu les enseignements de la foi ? Laissons à Dieu le soin de juger ceux qui s'égarent. Contentons-nous de les plaindre et de prier pour eux. »

Cette charité surnaturelle, dont son cœur était rempli, n'avait fait que vivifier en lui toutes les affections légitimes.

Je ne dirai pas combien il aimait ses parents ; par quelles attentions délicates il cherchait à leur plaire ; comment il profitait de toutes les occasions pour les visiter et diminuer pour eux les tristesses de l'isolement...

Mais, sous les dehors un peu froids que lui imposait son excessive modestie, quelle tendresse de cœur il avait pour ses amis ! Je puis en parler par expérience : c'était l'ami fidèle auquel on pouvait tout confier ; l'ami généreux auquel on pouvait tout demander ; l'ami compatissant toujours prêt à tout quitter pour venir pleurer avec un ami dans le deuil. Qui nous rendra ces intimes causeries où il nous laissait entrevoir les beautés de son âme ; ces entretiens aimables, jamais bruyants ni frivoles, d'où l'on sortait toujours meilleur ?

O mon ami ! pourquoi nous avoir été sitôt ravi ? Pourquoi

m'avoir arraché, en nous quittant, la meilleure partie de moi-même? — Mais non, la mort n'a pu briser complètement les liens de nos âmes. *Credo sanctorum communionem :* à défaut de ma foi, mon cœur me le dirait encore. Non, en entrant dans une vie meilleure, vous n'oublierez pas ceux que vous avez laissés sur cette terre d'exil. Vous n'oublierez pas votre famille désolée; vous l'aiderez à adoucir, en la supportant chrétiennement, son inconsolable douleur. Vous n'oublierez pas notre bien-aimé supérieur, que votre mort a frappé dans ses plus chères affections et ses plus légitimes espérances. Vous n'oublierez pas ces confrères, ces élèves, ce petit séminaire que vous avez tant aimés; et puis vous me permettrez de vous regarder toujours comme mon confident, mon modèle, mon meilleur ami.

V

LA MORT

Le vendredi 4 mars, l'abbé Cornu avait fait sa classe comme à l'ordinaire; le soir, il s'occupait encore à mettre un peu d'ordre dans notre collection de *numismatique*, mais déjà il ressentait les premières atteintes du mal qui devait nous le ravir.

Malgré mes instances, il voulut s'acquitter lui-même de sa surveillance au dortoir. Il prétendait n'avoir qu'une simple indisposition et ne voulait pas qu'on le crût malade.

Le lendemain, après une nuit très mauvaise, il était debout avant cinq heures, pour présider au lever des élèves. Mais son amour du devoir l'avait fait trop présumer de ses forces : il dut se remettre au lit pour n'en plus sortir.

Le médecin, appelé en toute hâte, constatait une fluxion de poitrine déjà nettement caractérisée.

Les deux premiers jours, la maladie ne présenta pas de

symptômes alarmants; mais à partir de lundi soir, elle fit de bien rapides progrès.

Mardi matin, notre cher malade voulut recevoir les derniers sacrements. Il s'y prépara avec une foi et une piété admirables.

Pendant qu'on lui donnait l'extrême-onction, on eût dit qu'il remplissait lui-même le ministère de prêtre et offrait à Dieu son suprême sacrifice. Il répondait d'une voix ferme à toutes les prières et veillait à ce qu'on n'omît aucune des cérémonies du rituel.

Vers quatre heures du soir, il eut encore un long entretien avec M. le supérieur. Il voulut mettre ordre à ses affaires temporelles; puis, en face de la mort, il renouvela l'aveu de ses fautes et reçut une dernière absolution.

A partir de ce moment, la fièvre augmenta et la pensée de sa fin prochaine se transforma dans sa raison défaillante en l'idée d'une séquestration imaginaire dont il se croyait menacé.

Quand je le revis, il était dans une exaltation extraordinaire. Il me répétait avec une insistance qui faisait mal : « O mon ami ! il faut que je profite de ces dernières minutes... car c'est notre dernier entretien... bientôt, nous ne nous verrons plus. » Il voulut m'embrasser, puis il me parla de ses chers parents, de ses frères qu'il aimait tant; il me fit promettre de faire mon possible pour les consoler, quand il aurait disparu de ce monde.

Bientôt la surexcitation de la fièvre fit place à une prostration profonde. Ses yeux s'injectèrent de larmes; il murmura à plusieurs reprises : « *C'est la foi seule qui nous sauve* », puis une plainte, un cri, quelque chose de déchirant et de lamentable que n'oublieront jamais ceux qui l'ont entendu, sortit de sa poitrine oppressée; — et vers dix heures son dernier souffle expirait sur ses lèvres, pendant que nos prières escortaient son âme devant le tribunal de Dieu.

Mon Dieu, que cette lutte suprême est donc redoutable ! Par quels déchirements, par quelles angoisses, il nous faut passer,

pour naître à la vie qui ne doit point finir ! mais vous-même,
sur votre croix, vous avez voulu subir cette terrible épreuve.
— Aidez-nous à la supporter un jour.

> Quand mon heure viendra, souviens-toi de la tienne,
> O toi qui sais mourir ! [1]

Le surlendemain, la triste cérémonie des funérailles, com-
mencée dans notre chapelle du petit séminaire, s'achevait le
soir à Saint-Pierre-de-Varennes. — Et maintenant notre ami
repose à quelques pas de la maison paternelle, à l'ombre de
l'humble église qui fut témoin de son baptême et de sa première communion.

Avant de prononcer sur son cercueil les dernières prières,
M. le supérieur, malgré l'émotion qui brisait sa voix, voulut
adresser à ce confrère tant regretté un suprême adieu. Son
cœur de père et d'ami sut trouver des accents qui firent couler
bien des larmes.

Peu de jours après, Monseigneur voulut payer à son tour
à notre cher défunt son tribut de prières et de regrets. Il
célébra la sainte messe pour le repos de son âme, puis dans
un entretien d'une éloquence émue, d'une onction pénétrante,
il épancha devant nous les tristesses de son cœur et nous
commenta les austères et fortifiantes leçons que nous donne
une telle mort.

**

Et maintenant je termine ces pages qui expriment bien
incomplètement ce qu'aurait voulu dire mon cœur.

Telles qu'elles sont, les parents, les amis de l'abbé Lazare-

1. Lamartine, *le Crucifix*.

Marie-Xavier Cornu me sauront gré de les avoir écrites, parce qu'ils y trouveront une image, sans doute imparfaite, mais absolument sincère de celui que nous pleurons. — J'ose espérer que ceux même qui ne l'ont point connu trouveront à les lire quelque intérêt et quelque profit, si, malgré l'infirmité de mon langage, j'ai pu leur faire entrevoir une *belle âme* : la plus belle chose que nous puissions voir ici-bas, puisque nous ne verrons Dieu que dans le ciel.

Angers. — Imprimerie, imp. de l'Évêché